忙しいときほど感動しよう

あなたを助ける魔法のサイクル

Find Inspiration When You Feel Overwhelmed

黒田 眞理子
Mariko Kuroda

Reflection

始まりと終わりを見据えて準備する

Prepare yourself by focusing on beginnings and endings.

Reflection

本当はあなた中心で
世界が動いているのかもしれない

The truth may be that the world really does revolve around you.

Reflection

思考や感情を抜きにして
事実だけを受け止めてみよう

Cast aside your thoughts and feelings,

And accept only facts.

Reflection

どんなことにも本当は

意味などないのかもしれない

The truth may be that nothing at all has any intrinsic meaning.

Reflection

気づいたときから何かが始まっていく

When you become aware, things start to happen.

Reflection　　振り返り〜気づき

大切な人との別離、仕事での試練……
出来事が起きた直後は　受け入れることに精いっぱいだけれど
大丈夫！　今まで通りにやっていける

気づきは出来事から生まれ　終わりと始まりの予感を秘めてやってくる
痛みをともなって　希望を抱きながら
ときには　悲しみと涙も一緒に

流されてもいい　ゆらめいてもいい
あなたの心を　そのまま未来へと連れて行ってくれるから

いつか、出来事や気づきの本当の意味がわかる時がきっとくる
あなたが今、この時を乗り越えたなら……

Reflection

Reflection   Looking Back, then Awareness

A separation from a loved one. A workplace ordeal.
Right after they've happened, it's hard to accept things, but...
It's okay! You can carry on, just as you have been all along.

From such events comes awareness, and endings and clues to new beginnings.
Along with pain, comes hope, at times wrapped in sorrow and tears.

It's okay to be set adrift. It's okay to float around.
Because this will bring your heart right to the future.

Someday, you'll understand the true meaning of what has happened,
and you'll realize, once you get through this...

Impression

あなたの胸に響くものが世界で一番美しい

What resonates in your heart is the most beautiful thing in the world.

Impression

意思とは関係なく

自分の体を保ってくれている大きな働きがある

There is a great agency that preserves your body,

unrelated to your conscious will.

Impression

様々なものを失うことで獲得する力を養っている

Through our many losses, we develop the strength to win.

Impression

あなたの中には

想像もつかない可能性が眠っている

Inside of you,

unimaginable possibilities lie waiting.

Impression

迷うのは人生に対して真摯な証し

In life, losing one's way is a sign of sincerity.

Impression　　感動〜内面アプローチ

心の中には　あなたの知らない貴方がたくさん眠っている

誰かの気持ちを知りたければ　その人と同じように動いてみるといい
あなたのすべてが動き出し　心の世界へ目覚めさせてくれるから

ぐるぐるして　じっとして　嫌悪して　昇華して
上下を繰り返し　底まで行くと無から美と感動を知るでしょう

そのとき、あなたの心は変わりたくて　何かを求めるはず
その何かを見つけられたら
誰かの気持ちがとけこんで　きっと響きあう　祝福が待っている

感動のプロセスを経た　今、ここのあなたは　強くて優しいあなたです
未来とつながり　未知のあなたも信じて進める

Impression

Impression   An Inspiration, then an Internal Approach

There are many things you don't know about yourself that lie deep within your heart.

If you want to know how someone feels, try to move like they do.
Your whole being will come alive and wake you up to the inner realm of your heart.

Go round and round, then be still. Feel awful, then channel those feelings into something better.
Repeating the cycle of ups and downs, you will come to know your feelings, from emptiness to beauty.

Then your heart will want to change, and to seek something out.
If you can discover that something,
your feelings will melt and resonate with others. A blessing awaits you.

Now, having gone through this inspirational process, you are a stronger and kinder person.
You can move forward with faith in yourself and in your still unknown future.

Challenge

夢に優先順位をつけて
生きている実感を確かめよう

Prioritize your dreams.

Be sure to feel alive.

Challenge

悩みは星の数だけあって

解決策は星の数以上にある

There are as many problems as there are stars.

But there are more solutions than stars.

Challenge

大切な人と生きることは
一番やさしいようで一番難しい

Living with someone you love

seems so easy— but it's so difficult.

Challenge

未来を楽しみにきちんと日々を重ねる

Treasure each day and look forward to a joyful future.

Challenge

結果はすべて受け入れる覚悟で
チャレンジしてみる

Be ready to accept every outcome and put yourself to the test.

Challenge

過去を観ることは望む未来を創ること

To see the past is to create the future you want.

Challenge　チャレンジ〜創造

あなたの道を拓こう　あなたの道を行こう
あなたの前に立ち現れた道だから

現実と対峙し　変化を乗り越え　叡智を糧にして
すでに軸はできている
軸は常にあなたを貫き　杖となって支えてくれる

ゆっくりと歩くもいい　走るもいい　ときにはしゃぐもいい
失うものはない　怖いものも　もはやない
学びから得たあなただけの道標を目印に
創造をともなってこのまま進もう

さあ、立とう
遠い先をめざし　背の荷物をゆすりあげ　ふたたび出発しよう
いくつもの成果を楽しみに

そのとき、あなたを通して未来が出現する

Challenge A Challenge, then Creation

Blaze your own trail. Go your own way.
Because this is the path that has appeared before you.

Confront reality, deal with change, and nourish yourself with wisdom.
Your inner core has always been there.
Your inner core will always be there inside you, and give you the support you need.

You can walk slowly, or you can run. You can even, at times, frolic just like a child.
You have nothing to lose and nothing to fear anymore.
With your own personal road signs from what you have learned to guide you,
go on ahead and create wonderful things.

So, stand up.
Looking far ahead, swing that load onto your back, and set out again.
Look forward to many achievements.

Through you, the future will soon arrive.

おわりに

　本書をお読みいただき、ありがとうございました。著者の黒田眞理子と申します。

　私は伴侶を失い、子育てをしながら会社経営をしてまいりました。その経験の中からつかんだ、生きるヒントをまとめたのが本書です。

　Reflection【振り返り＝気づき】、Impression【感動＝内面アプローチ】、Challenge【チャレンジ＝新たな行動】のサイクルで、成長を重ねていくこと。これこそが私の生きる手がかりです。

　私にとってRは、伴侶の突然の他界という出来事をきっかけに、子どもがいながら自立できていない自分自身に気づけたことです。生活のために起業するも、経営がうまくいかず、もがき続ける毎日でした。

　そんな中、転機となったのが、Iの時期。がんばりすぎて心身のバランスを崩し、自分の限界を知りました。過去を振り返り、自分の底を見つめることで、「相手を慮ることができていない」という潜在課題を発見。この気づきは、突き動かされるような感

動を与えてくれました。ここから、「愛」を学び、自分自身の意思をこえたところで働く大きな力を感じました。

　Cは、Iで得られた新たな思考を軸に、目的を定め、行動を起こした時期です。「自立のため、生活の糧を──」と自分のためにやみくもにがんばってきた仕事は、考えが転換されたことで、子どもや誰かのために働けるという「希望」に変わりました。そうすると、仕事が創造する喜びとチャレンジの面白さに変わり、事業もうまく進み始めたのです。

Reflection
振り返り＝気づき
自己と状況の省察
（出来事・結果）

Challenge
チャレンジ＝新たな行動
新思考で目的・目標設定
創造への行動
（変革の原因）

Impression
感動＝内面アプローチ
思考と感性で課題発見
（変容のプロセス）

振り返って気づき、感動する、そして新たな自分でチャレンジする。

このプロセスが当てはまるのは私だけでしょうか。いいえ、人の成長は、過去の結果(R)、その結果の変容プロセス(I)、そして未来を創る原因(C)という、大小さまざまなRICの過程により育まれるものです。

仕事に迷ったとき、子育てに悩んだとき、人生が分からなくなったとき……、この本があなたのエネルギーとなり、あなたなりのRICを体現していただければ幸いです。

末筆となりましたが、「RICサイクル」の研究開発にあたり、ご指導頂いた同志社大学内山伊知郎教授、京都大学医学研究科種村文孝助教に深く御礼申し上げます。

執筆中、改めて「生きる・成長する」素晴らしさを感じ、今まで共に伴走してくれた家族、出版にご協力頂いた皆様にも感謝の念でいっぱいです。ありがとうございました。

2023.3　黒田眞理子

著者プロフィール

商業施設のグランドデザインを手がけた後、結婚し、3人の子供をもうける。
子育ての傍ら、夫と共にデザイン会社を起業。
その後、会社の経営破綻と同時期に夫が突然の余命宣告。
残された時間で夫と保育サービス会社パワフルケアを創業。
夫と死別後、経営者として組織を率いながら、
潜在力開発プログラムとしてRIC サイクルを創出。
自身の会社を事業承継した後、RIC 総合研究所を創設。
京都大学医学研究科との産学連携の成果を活用し、
RIC サイクルの研究と普及に努めている。

About the Author

After some experiences working on the grand design of commercial facilities, she married and had three children.
While raising her children, she and her husband started a design company.
Thereafter, at a moment when their company was failing, her husband received an unexpected terminal diagnosis.
During their remaining time together, she and her husband founded a childcare company, Powerful Care.
After her husband passed away, while leading the organization as a manager,
she created the RIC cycle as a program for the development of potential personal strength.
After the succession of her business, she established the RIC Research Institute.
She is striving to put the results from the Industry-Academia Collaboration Project
of Kyoto University's Graduate School of Medicine to good use, and research and popularize the RIC cycle.

忙しいときほど感動しよう
あなたを助ける魔法のサイクル

2016年8月31日　第1刷発行
2023年3月1日　　第2刷発行

著　者　黒田眞理子
　　　　（くろだ まりこ）

発行者　太田宏司郎

発行所　株式会社パレード
　　　　大阪本社　〒530-0021　大阪府大阪市北区浮田1-1-8
　　　　　　　　　TEL 06-6485-0766　FAX 06-6485-0767
　　　　東京支社　〒151-0051　東京都渋谷区千駄ヶ谷2-10-7
　　　　　　　　　TEL 03-5413-3285　FAX 03-5413-3286
　　　　　　　　　https://books.parade.co.jp

発売所　株式会社星雲社（共同出版社・流通責任出版社）
　　　　　　　　　〒112-0005　東京都文京区水道1-3-30
　　　　　　　　　TEL 03-3868-3275　FAX 03-3868-6588

装　幀　松原義之（PARADE Inc.）

印刷所　創栄図書印刷株式会社

本書の複写・複製を禁じます。落丁・乱丁本はお取り替えいたします。
© Mariko Kuroda 2016 Printed in Japan
ISBN 978-4-434-22074-6 C0095

Special Thanks（敬称略）

出版へのご協力を
心から感謝いたします。

石井健一	高島淳
厳樫邦弘	高村馨
岩佐清美	TAKE
岩佐修二	田須美弘
石見一女	冨井淑夫
上西克明	中井康太郎
上野萌子	中居敏明
牛場望	中尾和代
内山伊知郎	長瀬慎一
鵜沼才織	楢原貞博
おおいしこうたろう	沼口公男
Oosuka Toshiki	沼口仁志
岡本稔	根岸直美
小河智章	畠中祥明
小川由佳	花川昭夫
垣内寿友	播本正範
加藤真由美	HIJIRI
門脇基洋	平川敦士
金子薫	藤田智美（櫻本）
河田正興	松本力
岸上卓司	松原正明
岸田徹	松本敏一
木田尚樹	三木哲郎
黒田真梨子	湊雄二
黒田命人	宮野亮
黒田龍吾	Megu.k.
Kengo NARAZAKI	本山雅英
五島洋	森由紀子
駒川忠久	山下小百合
駒川真理子	山本典夫
阪本俊行	山本裕司
宍戸信子	山本泰功
島野清一	よねたにひろみ
菅原正	米田優子
須田敦子	種村文孝
清土裕文	伊藤之彦
田尾＆竹田	具志颯太